Gudrun Thiele

Pfiffig schenken!

Zu Geburtstagen, Jubiläen und anderen Anlässen Stabdekorationen im Material-Mix

frechverlag

Im frechverlag sind viele weitere Bücher erschienen. Hier eine Auswahl:

TOPP 2083

TOPP 2141

TOPP 2081

TOPP 2009

TOPP 1923

TOPP 2046

Fotos: frechverlag GmbH + Co. Druck KG, 70499 Stuttgart; Fotostudio Ullrich & Co., Renningen

Auflage: 5. 4. 3. 2. 1. | Letzte Zahlen
Jahr: 2000 1999 98 97 96 | maßgebend

ISBN 3-7724-2138-5 · Best.-Nr. 2138
Druck: frechverlag GmbH + Co. Druck KG, 70499 Stuttgart

Stabdekorationen sind häufig nur ein nettes Beiwerk in Blumensträußen oder Topfpflanzen. Die Auswahl der Motive ist oft sehr begrenzt, und der Preis ist meist recht hoch. Dabei kann man aus diesem „Beiwerk" so viel machen …

Diese Kleinigkeiten auf Stäben beleben nicht nur Grünpflanzen, man kann mit Ihnen auch auf originelle Weise Grüße übermitteln, danke sagen oder aus einem Blumenstrauß ein persönliches Geschenk machen.

Was liegt näher, als diese kleinen Aufmerksamkeiten selbst herzustellen? Die Stabdekos in diesem Buch, passend für jede Gelegenheit, sind einfach und schnell angefertigt. Selbstverständlich können Sie auch mehrere Stabdekos kombinieren. Ihrer Phantasie sind dabei keine Grenzen gesetzt.

Mit dem Auto können Sie zum Führerschein gratulieren oder eine gute Reise wünschen, mit einer edlen Trüffel oder einem kleinen Geldgeschenk in der Herzdose, in einen Strauß gesteckt, den Beschenkten überraschen.

Und der Storch oder das Fläschchen in einer Blumenschale sagen sicher mehr als tausend Worte …

Denn diese kleinen Objekte setzen nicht nur pfiffig Akzente, sie sagen auch: „Das hab' ich selbst gemacht – ich hab' an Dich gedacht." Wer würde sich nicht freuen, wenn er eine solche Stabdekoration erhält?!

Es ist so einfach, mit wenig Aufwand und originellen Ideen viel Freude zu schenken!

Viel Spaß bei der Herstellung wünscht Ihnen

Gudrun Thiele

Material und Werkzeug

- Wellpappe (Colorwelle)
- Tonkarton
- Seidenpapier
- Alubastelkarton
- Regenbogen-Tonkarton
- Transparent- oder Butterbrotpapier
- Große Styroporeier (Höhe: 70 mm)
- Kleine Styroporeier (Höhe: 60 mm)
- Wattekugeln
- Watteeier
- Halbperlenaugen (ø 6 mm)
- Kulleraugen (ø 7 mm)
- Holzperlen (ø 6 mm und 8 mm)
- Schaschlikstäbchen aus Holz
- Marabufedern
- Biegeplüsch
- Pompons
- Geschenkband
- Plüsch
- Stoff
- Wolle
- Schere
- Cutter
- Schneideunterlage
- Klebstoff
- Klebestift
- Stecknadeln
- Häkel- oder große Stopfnadel
- Locher
- Bleistift
- Filzstifte
- Goldstift
- Bastelfarbe
- Pinsel
- Blumenbindedraht (ø 1,5 mm)

Schritt für Schritt

Übertragen Sie die Teile für das ausgewählte Motiv vom Vorlagenbogen ohne Überschneidungen auf Butterbrot- oder Transparentpapier. Kleben Sie dieses Papier auf einen dünnen Karton.

Schneiden Sie nun alle Teile sorgfältig aus. Schon sind Ihre Schablonen fertig. Legen Sie die Schablonen auf das benötigte Material, übertragen Sie die Konturen mit einem Stift, ...

… und schneiden Sie wiederum alle Teile in der benötigten Zahl aus. Dann fertigen Sie die Stabdekoration so an, wie in der jeweiligen Anleitung beschrieben. Orientieren Sie sich dabei auch an der Abbildung.

Anfertigung der Stabdekorationen aus Colorwelle:

Für diese Objekte benötigen Sie jeweils zwei Körperteile und einen Streifen aus Colorwelle (neben anderen Teilen). Die Teile finden Sie auf dem Vorlagenbogen, die Größe des Streifens entnehmen Sie der jeweiligen Anleitung.

Die Körperteile können Sie ruhig mit der Schere ausschneiden. Die Streifen sollten Sie aber besser mit dem Cutter zuschneiden: immer entlang der Kante eines Lineals. Achten Sie auf eine geeignete Schneideunterlage!

Auf die Rückseite des einen Körperteils wird der Colorwellestreifen (mit den Rillen nach außen) senkrecht aufgeklebt. Bei einigen Körpern ist auf der Vorlage eingezeichnet, wie der Streifen aufgeklebt wird. Achten Sie darauf! Wenn auf der Vorlage nichts eingezeichnet ist und im Text nichts erwähnt wird, kleben Sie den Streifen einfach einmal um den Körper herum.

Nach dem Trocknen wird auf diesen Streifen das zweite Körperteil mit der Rückseite aufgeklebt. Es empfiehlt sich, zuvor in den Streifen ein Loch für den Stab zu bohren. Das Loch sollte immer eng sein, damit der Stab später genügend Halt hat. Stechen Sie das Loch deshalb mit einer dünnen Häkelnadel oder einer dicken Stopfnadel vor.

Als Stab dient ein Schaschlikstäbchen. Die Holzperlen unter den einzelnen Stabdekorationen werden mit etwas Klebstoff am Stab fixiert. Die Größe der Perle wählen Sie je nach Objekt aus.

> ***Tip:*** *Seidenpapier sollte immer mit einem lösungsmittelfreien Klebestift auf den Styroporkörper aufgeklebt werden.*

Ein Blumengruß

Die Tulpen künden vom Frühling und machen aus einer simplen Grünpflanze einen hübschen Blickfang. Sie sind eingeladen, und alle Geschäfte haben geschlossen? Dann verschenken Sie doch symbolisch eine selbstgebastelte Blume: als Gutschein für den folgenden Strauß.

Blumen aus Colorwelle

Maße für die Colorwellestreifen:

Gelbe Tulpe:	*1,5 cm x 18,0 cm*
Rosa Tulpe:	*1,5 cm x 19,0 cm*
Lila Blume:	*1,5 cm x 15,5 cm*
Blatt 1:	*1,5 cm x 26,0 cm*
Blatt 2:	*1,5 cm x 41,5 cm*
Blatt 3:	*1,5 cm x 14,0 cm*

Die Blüten und Blätter der Blumen benötigen Sie je zweimal aus Colorwelle. Außerdem brauchen Sie je Blüte und Blatt einen entsprechenden Colorwellestreifen. Kleben Sie auf eines der beiden Blatteile den Colorwellestreifen, wie auf Seite 5 beschrieben. Während der Streifen trocknet, färben Sie ein Schaschlikstäbchen mit Bastelfarbe oder Filzstift grün. Legen Sie nun den Stab so über das noch offene Blatt, wie Sie ihn durchstecken wollen. Stechen Sie an den entsprechenden Stellen mit einer Nadel die Löcher vor, und dann stecken Sie den Stab vor dem Aufkleben des zweiten Teils durch. Fertigen Sie nun die Blüte an. Kleben Sie an das obere Ende des Stabes eine Holzperle, und fixieren Sie die Blüte darauf. Für die lila Blume wird der Colorwellestreifen zu einem Kreis zusammengeklebt. Darauf werden von beiden Seiten die zweiteiligen Blüten mit Klebstoff fixiert.

Blumen aus Tonkarton

Für die Blumen aus Tonkarton und aus Colorwelle werden die gleichen Vorlagen verwendet. Allerdings benötigen Sie je Blatt und Blüte den Zuschnitt dreimal. Zwei Teile werden mittig gefaltet und dann mit der Faltkante vorn bzw. hinten auf das verbleibende dritte Teil geklebt. Färben Sie ein Schaschlikstäbchen grün ein, und kleben Sie die Blumen im Falz an den Stab.

Frohe Ostern!

Mit Hasen, Gänsen und Hühnern können Sie Ihren Tisch oder die Grünpflanze im Eingang österlich schmücken und schnell ein originelles Mitbringsel zum Osterbrunch zaubern.

Hühner aus Styroporeiern

Für die Körper der Hühner werden kleine Styroporeier mit Seidenpapier beklebt. Kopf und Schwanzfedern werden aus Tonkarton ausgeschnitten und bemalt.
Schneiden Sie für den Kopf und den Schwanz mit dem Cutter Schlitze in das Ei, und fixieren Sie die Teile mit Klebstoff darin. Als Flügel werden zwei Marabufedern verwendet, die rechts und links an den Körper geklebt werden. Zuletzt die Perle mit Klebstoff auf dem Stab befestigen, diesen von unten in die Hühner stecken und mit Klebstoff fixieren.

Colorwelle-Gänse

Den Körper und die Flügel der Gänse aus Colorwelle je zweimal gegengleich zuschneiden.
Zusätzlich benötigen Sie einen Colorwellestreifen von 1,5 cm x 36 cm Größe. Diesen Streifen kleben Sie auf einen der beiden Körperteile, wie auf Seite 5 beschrieben. Nach dem Trocknen fixieren Sie den zweiten Körperteil. Den Schnabel mit Filzstift oder Bastelfarbe aufmalen. Flügel und Halbperlenaugen aufkleben. Abschließend eine Schleife aus Biegeplüsch formen und mit etwas Klebstoff am Gänsehals befestigen. Eine Perle auf den Stab kleben, diesen in den Colorwellekörper stecken und mit Klebstoff darin fixieren.

Küken aus Wattekugeln

Bemalen Sie zunächst die Wattekugeln (ø 3 cm und 2,5 cm) mit gelber Bastelfarbe. Nach dem Trocknen der Farbe verbinden Sie die beiden Kugeln mit einem kleinen Stück eines Schaschlikstäbchens, das Sie mit Klebstoff in den Löchern fixieren. Kleben Sie dabei zwischen Kopf und Bauch eine passende, gelbe Marabufeder.
Den Schnabel formen Sie aus einem Stückchen Biegeplüsch und stecken ihn vorn in den Kopf. Der Kamm besteht ebenfalls aus einem Stück Biegeplüsch, das Sie – ebenso wie die Augen – einfach auf den Kopf kleben. Zuletzt eine Feder als Schwanz anbringen. Dann das Küken und eine Holzperle auf den Stab stecken und diesen mit Klebstoff fixieren.

Styropor-Hasen

Für die Hasenkörper wird ein großes Styroporei mit Seidenpapier beklebt. Ohren, Nase, Arme und Beine werden aus Tonkarton ausgeschnitten und angemalt. Für die Ohren, Arme und Beine schneiden Sie mit dem Cutter Schlitze in das Ei. Darin werden die Teile mit etwas Klebstoff fixiert. Die Kulleraugen (ø 7 mm), eine Feder und die bemalte Nase werden nun auf dem Körper angebracht.
Zum Schluß kleben Sie noch einen Pompon als Schwänzchen hinten an. Die Holzperle auf dem Stab mit Klebstoff befestigen, diesen in den Körper stecken und mit Klebstoff fixieren.

Colorwelle-Häschen

Den Körper des Hasen zweimal aus Colorwelle zuschneiden. Auf ein Teil einen 1,5 cm x 23,5 cm großen Colorwellestreifen kleben. Mit dem zweiten Körperteil verschließen. Als Augen Halbperlen, als Schwänzchen einen Pompon ankleben. Zuletzt eine kleine Marabufeder oben zwischen den Ohren anbringen.

Liebevoll verpackt!

In diesen originellen Döschen findet ein süßer Gruß zum Muttertag ebenso Platz wie ein Schmuckstück zum Geburtstag oder eine kleine finanzielle Zuwendung zur Hochzeit.

Quadratische Schachtel

Die quadratische Schachtel aus Colorwelle ausschneiden, an den gestrichelten Linien falten und an den Laschen zusammenkleben. Der Deckel der Schachtel wird genauso gearbeitet.

Ovale, runde und Herzdose

Maße für die Colorwellestreifen:
Herzdose:
Deckel: 1,5 cm x 17,5 cm
Dose: 4,0 cm x 16,0 cm

Ovale Dose:
Deckel: 1,5 cm x 14,0 cm
Dose: 3,0 cm x 13,0 cm

Runde Dose:
Deckel: 1,5 cm x 14,0 cm
Dose: 3,0 cm x 13,5 cm

Für den Deckel und den Boden der Herzdose wird das Herz je zweimal aus Colorwelle benötigt. Die beiden Colorwellestreifen werden dann außen um den Deckel bzw. den Boden geklebt. Die ovale und die runde Dose werden genauso hergestellt wie die Herzdose.

Zur Hochzeit

Ob Braut und Bräutigam, das Herz mit Ringen oder der Schwan: diese Stabdekos wünschen dem frischgebackenen Ehepaar alles Gute für die Zukunft.

Brautpaar

Den Körper des Bräutigams aus Colorwelle zu einer Rolle zusammenkleben, oben den Kreis und unten die Füße aufkleben. In den Kreis und das Fußteil ein Loch vorstechen, damit Sie später den Stab durchstecken können. Aus Filz einen Schlips schneiden und vorn mit Klebstoff befestigen. Für den Kopf eine Wattekugel (ø 2,5 cm) mit Haaren aus Plüsch bekleben. Den Zylinder fixieren. Das Gesicht aufmalen. Löcher für die Arme vorstechen. Ein Stück Biegeplüsch für die Arme durch den Körper stecken und an den Enden umbiegen. Den fertigen Kopf auf dem Stab fixieren und durch den Körper stecken.

Das Oberteil des Brautkleides zu einer Rolle zusammenkleben und oben mit dem Kreis verschließen. In den Kreis ein kleines Loch vorstechen. Wie beim Bräutigam werden Arme aus Biegeplüsch von rechts nach links durch den Körper gesteckt. Den Rock zweimal zuschneiden und jeweils die hintere Naht zunähen. Anschließend beide Röcke fest zusammenkräuseln, übereinanderlegen, den Stab durchstecken und darauf achten, daß der Stab noch durch das Brautkleidoberteil reicht, bevor Sie den Rock an dem Stab festkleben. Gut antrocknen lassen. Dann den Stab mit dem Rock durch das Oberteil schieben, bis der Stab so weit oben herausschaut, daß der Kopf darauf fixiert werden kann. Der Kopf, eine Wattekugel (ø 2,5 cm), wird nun mit Wollhaaren beklebt und das Gesicht aufgemalt. Den Schleier (12 cm x 10,5 cm) aus dem gleichen Stoff wie den Rock zuschneiden, an der Schmalseite zusammenkräuseln und auf dem Kopf mit Klebstoff befestigen. Nun muß nur noch der Kopf auf dem Stab fixiert werden.

Herz mit Ringen

Die Herzform zweimal ausschneiden. Auf eine Hälfte einen 1,5 cm x 21,5 cm großen Colorwellestreifen senkrecht aufkleben. Beginnen Sie oben in der Mitte des Herzens mit dem Kleben und enden Sie auch wieder oben. Anschließend die zweite Herzform daraufkleben.

Die Eheringe aus Tonkarton ausschneiden, mit einem goldfarbenen Stift anmalen und auf beide Seiten des Herzens kleben. Abschließend werden rechts und links von dem Herzen einige Marabufedern fixiert.

Schwan

Ein großes Ei mit weißem Seidenpapier faltig bekleben und mit dem Cutter einen Schlitz für den Hals in das Ei schneiden. Der Hals wird aus Tonkarton ausgeschnitten, anschließend bemalt und in den Schlitz geklebt.

Als Flügel und Schwanz bringen Sie einige Federn mit Klebstoff am Körper an. Das Herz ausschneiden und mit einem Goldstift die Ringe daraufmalen. Befestigen Sie ein Stück Geschenkband an dem Herzen, und legen Sie es dem Schwan um den Hals.

Hurra, ein Baby!

Über diese Stabdekos werden sich die jungen Eltern bestimmt freuen. Eine bezaubernde Idee, um den kleinen Erdenbürger willkommen zu heißen.

Wiege

Ein halbes großes Styroporei mit Seidenpapier bekleben. Danach aus Seidenpapier ein Kissen und eine Decke formen und in die Wiege kleben.
Für die Umrandung der Wiege drehen Sie zwei verschiedenfarbige Stück Biegeplüsch zusammen und kleben sie oben um den Rand der Wiege.
Auf den Kopf, eine Holzperle (ø 8 mm), wird mit Bastelfarbe das Gesicht gemalt. Für die Haare wird ein kleines Stück Biegeplüsch in das Loch oben auf dem Kopf gesteckt. Um den Kopf anschließend in der Wiege befestigen zu können, stecken Sie in das untere Loch ein kleines Stück eines Schaschlikstäbchens. Aus Schleifenband kleine Schleifen formen und mit Stecknadeln an der Wiege anbringen.

Storch

Für den Körper des Storches bekleben Sie ein großes Styroporei mit Seidenpapier. Dann schneiden Sie den Kopf und das Tuch einmal, den Schnabel zweimal aus Tonkarton aus. Den Schnabel auf beide Seiten des Kopfes kleben und das Tuch dazwischen fixieren. Den Kopf und den Schnabel bemalen.
In den Körper mit dem Cutter einen Schlitz für den Hals schneiden und ihn darin mit Klebstoff befestigen. Schwarze und weiße Federn auf den Körper kleben und zwei Beine aus rotem Biegeplüsch formen.

Eine Holzperle auf das Schaschlikstäbchen kleben, Beine und Stäbchen in den Körper stecken und mit Klebstoff fixieren.

Rassel

Eine Styroporkugel (ø 4 cm) erst mit Seidenpapier und dann mit Locherpunkten aus Alubastelkarton o. ä. bekleben.
Zwei Stück Biegeplüsch zusammendrehen und dann etwa auf die Hälfte kürzen. Das verbleibende Stück zur Hälfte knicken, Griff formen und dann einmal verdrehen. Die beiden Enden werden nun rechts und links in die Kugel gesteckt und mit Klebstoff fixiert.

Fläschchen

Zuerst fertigen Sie den Sauger an: Von der großen Wattekugel (ø 3 cm) ein Stück mit dem Cutter abschneiden und die kleine Wattekugel (ø 1,5 cm) darauf festkleben. Damit es auch gut hält, verbinden Sie die Kugeln mit einem kleinen Stück eines Schaschlikstäbchens. Den Zuschnitt aus Colorwelle zu einem Zylinder zusammenkleben, oben und unten mit den Deckeln verschließen. In den unteren Deckel stechen Sie zuvor noch mit einer Nadel das Loch für den Stab vor. Bemalen Sie den Sauger nun mit orangefarbener Bastelfarbe, und kleben Sie ihn dann oben auf die Flasche. Zuletzt das Lätzchen ausschneiden, bemalen und beschriften und auf die Flasche kleben.

Baby

Herzlichen Glückwunsch!

Anlässe zum Gratulieren gibt es viele: Geburtstage, Jubiläen, Hochzeitstage ... Mit diesen Stabdekos können Sie Ihre Glückwünsche ganz individuell übermitteln.

Herz mit Zahlen

Das Herz arbeiten Sie genauso wie das von Seite 15, die Vorlage ist dieselbe. Zur Abwechslung können Sie 3D-Colorwelle verwenden. Statt der Ringe schneiden Sie Zahlen aus Tonkarton aus, die Sie in der Lieblingsfarbe des Jubilars oder passend zum Hochzeitstag bemalen können.

Die Zahlen kleben Sie auf beide Seiten des Herzens und verzieren dann das Herz ganz nach Lust und Laune mit Perlen, Federn etc. Den silbernen und goldenen Chenilledraht einfach um die Herzen biegen und dann unten um den Stab wickeln.

Große Zahlen

Für die Zahlen aus Colorwelle benötigen Sie den Zuschnitt jeder Zahl zweimal. Für alle Zahlen ist der Streifen 1,5 cm breit. Die Länge richtet sich nach der jeweiligen Zahl, die Sie basteln wollen. Die Zahlen werden genauso gearbeitet wie die Colorwellekörper auf Seite 5. Ebenso das Podest für die zweistelligen Zahlen.

Maße für die Colorwellestreifen:

Podest: 1,5 cm x 28,5 cm
Für die 1: 1,5 cm x 24,0 cm
Für die 5: 1,5 cm x 32,0 cm
Für die 0: 1,5 cm x 22,0 cm (außen)
1,5 cm x 7,5 cm (innen)

10 Jahre	Rosenhochzeit
15 Jahre	Gläserne oder Kristallene Hochzeit
20 Jahre	Porzellanhochzeit
25 Jahre	Silberne Hochzeit
50 Jahre	Goldene Hochzeit
60 Jahre	Diamantene Hochzeit
65 Jahre	Eiserne Hochzeit

Alles Gute!

Alles Gute im neuen Heim!

Freunde oder Bekannte sind umgezogen? Dann kommt ein Blumenstrauß oder eine Grünpflanze mit diesem netten Häuschen bestimmt gut an.

Häuschen

Das Haus aus Colorwelle ausschneiden und an den gestrichelten Linien falten. Den Boden zweimal zuschneiden und zusammenkleben. Dann wird das Haus um den Boden geklebt. Das Dach ausschneiden und auf das Haus kleben. Fenster und Tür ausschneiden und bemalen. Auf dem Haus mit Klebstoff fixieren und mit einer Nadel in den doppelten Boden ein Loch für den Stab vorstechen.

Gute Reise!

„Wie schön, daß du gut gelandet bist!" oder „Herzlichen Glückwunsch zum Flugschein!" sagt diese kleine Propellermaschine, die sich auch als Gutschein für einen Freiflug eignet.

Flugzeug

Der Flugzeugrumpf wird zweimal ausgeschnitten und mit einem 1,5 cm x 21 cm großen Streifen zusammengefügt. Den Propeller mit einer Stecknadel vorn am Rumpf befestigen. Den Flügel durch den Schlitz in den Rumpf schieben und mit einer Nadel durch den Rumpf und den Flügel stechen.

Den Flügel herausziehen und an der so markierten Stelle ein Loch für den Stab in den Flügel machen. Den Flügel wieder durch den Schlitz schieben und nun von unten den Stab erst durch den Rumpf und dann auch noch durch den Flügel stecken.

Allzeit gute Fahrt!

Über dieses Automobil freut sich nicht nur ein Auto-Fan, Sie können damit auch zum bestandenen Führerschein oder zum neuen Wagen gratulieren. Wenn's noch nicht soweit ist? Dann verstauen Sie einfach ein wenig Geld darin, damit der Beschenkte diesem Ziel schneller näher kommt.

Auto

Das Auto zweimal ausschneiden und mit einem 1,5 cm x 22,5 cm großen Streifen Colorwelle zusammenkleben. An die beiden Kotflügelteile werden von hinten je zwei Räder geklebt. Dann zusammen am Auto fixieren. Eine Holzperle auf den Stab kleben und unten ins Auto stecken.

Gute Besserung!

„Hoffentlich wirst du ganz schnell wieder gesund", das wünschen der kleine Bär und das Auto.

Bär

Der Körper, die Füße und die Ohren werden je zweimal aus Colorwelle benötigt.

Die Kulleraugen (ø 7 mm), die bemalte Nase, das beschriftete Herz, einen Arm und die Füße vorn auf den Körper kleben. Für die Ohren müssen mit dem Cutter zwei kleine Schlitze in den Streifen geschnitten werden, ebenso für den zweiten Arm. Fixieren Sie die Teile mit Klebstoff darin.

Die Arme brauchen Sie jeweils nur einmal, ebenso die Nase und das Herz aus Tonkarton. Der Colorwellestreifen ist 1,5 cm x 28,5 cm groß. Fügen Sie den Körper, wie auf Seite 5 beschrieben, zusammen.

Auto

Das Auto zweimal aus Colorwelle ausschneiden. Auf ein Teil den 1,5 cm x 21 cm großen Colorwellestreifen senkrecht aufkleben. Die Räder werden viermal benötigt und mit Klebstoff befestigt. Auge und Pflaster aus Tonkarton ausschneiden, bemalen und aufkleben. Zuletzt die Wolke aus Tonkarton fertigen, beschriften, umknicken und hinten am Auto mit Klebstoff fixieren.

Ich wünsch' Dir was!

Auf diesen Schildchen können Sie mit eigenen Worten Ihren ganz persönlichen Wünschen Ausdruck verleihen.

Alle Schilder werden aus Tonkarton ausgeschnitten. Die Löcher, durch die ein Schaschlikstäbchen gesteckt wird, werden mit der Lochzange ausgestanzt. Wählen Sie dafür die kleinste Einstellung. Bemalen Sie das Buch, den Briefumschlag, den Pilz und das Schwein, bevor Sie die Schilder passend zum Anlaß beschriften. Die Schilder können Sie auch als persönlichen Gruß unterhalb der von Ihnen gebastelten Stabdekoration befestigen.

Maritimes

Sie wollen Freunden Bilder vom letzten Mittelmeerurlaub zeigen? Dann schmücken Sie die Tafel doch zur Abwechslung mal mit diesen Meeresbewohnern. Oder überraschen Sie eine Wasserratte oder einen Südsee-Fan mit einem Blumenstrauß mit Fischen, Seepferdchen und Seesternen.

Lila Fisch

Für den Körper des Fisches benötigen Sie zweimal die Grundform und einen 1,5 cm x 22 cm großen Streifen Colorwelle, den Sie senkrecht auf eines der beiden Teile kleben. Dann das zweite Teil darauf befestigen. Rücken-, Schwanz- und Brustflossen sowie die Punkte (mit einem Locher ausgestanzt) bestehen aus Alubastelkarton.

Für die Rücken- und die Schwanzflosse wird mit dem Cutter je ein Schlitz in den Colorwellestreifen geschnitten. Die Teile werden darin mit Klebstoff fixiert. Die Kulleraugen (ø 1,2 cm), die Punkte und die Brustflossen auf beide Seiten des Körpers kleben. Zum Schluß werden Mund und Kiemen aufgemalt.

Grüner Fisch

Ein kleines Styroporei mit Seidenpapier bekleben. Für den Mund und die Flossen aus Alubastelkarton mit dem Cutter je einen Schlitz in das Ei schneiden und die Teile darin mit Klebstoff fixieren.

Danach die Kulleraugen (ø 1,8 cm) und die Locherpunkte, die aus Alubastelkarton gestanzt werden, auf den Körper kleben.

Seepferdchen

Eine Styroporkugel (ø 4 cm) mit Seidenpapier bekleben und für Kopf, Schwanz und Rückenflosse mit dem Cutter Schlitze einschneiden. Kopf, Schwanz und Rückenflosse aus Tonkarton ausschneiden und alle Teile bemalen. Anschließend werden die drei Teile in die Schlitze gesteckt und mit Klebstoff fixiert.

Seestern

Schneiden Sie aus Tonkarton zwei Seesterne aus, und bemalen Sie sie. Aus Colorwelle einen 1,5 cm x 10,5 cm großen Streifen ausschneiden und zu einem Kreis kleben. Achten Sie darauf, daß die Enden des Streifens ca. 5 mm übereinanderliegen. Stechen Sie nun zuerst das Loch für das Schaschlikstäbchen vor, bevor Sie auf beide Seiten des Kreises einen Seestern kleben.

Tierisch gute Wünsche ...

... überbringen Drache, Rabe, Papagei und Flamingo. Den Flamingo können Sie übrigens auch als Gutschein für eine Einladung in den Zoo verwenden. Und als Tischdeko beim nächsten Kindergeburtstag kommen diese lustigen Gesellen ganz groß heraus.

(Anleitung auf Seite 28)

Tierisch gute Wünsche ...

Papagei (Abbildung Seite 26)

Bekleben Sie erst ein kleines Styroporei mit Seidenpapier. Kopf und Schwanzfedern einmal, Flügel zweimal aus Regenbogen-Tonkarton ausschneiden.
Den Schnabel benötigen Sie zweimal aus Tonkarton. Sie kleben ihn von beiden Seiten auf dem Kopf fest, ebenso die Halbperlen für die Augen. Für den Kopf und die Schwanzfedern schneiden Sie mit dem Cutter Schlitze in den Körper und fixieren die Teile darin mit Klebstoff. Befestigen Sie die Flügel auf beiden Seiten des Körpers, und kleben Sie je eine Feder dahinter. Zum Schluß einige kleine Federn am Hals und an der Stelle am Bauch, an der Sie den Stab in den Körper stecken, ankleben.

Drache (Abbildung Seite 26)

Bekleben Sie ein großes Styroporei mit Seidenpapier, und malen Sie darauf mit einem Goldstift Punkte. Die Arme, Flügel, Beine und das Kopf-Schwanzteil werden aus Tonkarton zugeschnitten und anschließend bemalt. Für das Kopf-Schwanzteil mit dem Cutter einen langen Schlitz in das Ei schneiden und das Teil darin mit Klebstoff fixieren. Für die Flügel werden auf beiden Seiten des Körpers kleine Schlitze angebracht, in denen die Flügel fixiert werden. Arme und Beine werden einfach auf den Körper geklebt.

Flamingo (Abbildung Seite 27)

Zuerst kleben Sie auf das Watteei (2,5 cm hoch) und das kleine Styroporei Seidenpapier. Dann wird ein ca. 25 cm langes Stück Biegeplüsch einmal zur Hälfte geknickt und zusammengedreht. Schneiden Sie den Schnabel aus Tonkarton aus, und bemalen Sie ihn. Für den Schnabel mit dem Cutter in das Watteei vorne einen Schlitz schneiden und den Schnabel darin fixieren. In das Loch am hinteren Ende des Watteeis stecken Sie nun den Biegeplüsch. Das andere Ende des Biegeplüschs stecken Sie in das kleine Styroporei, den Körper. Fixieren Sie die Enden mit Klebstoff. Am Kopf abschließend die Halbperlenaugen ankleben. Formen Sie aus zwei ca. 25 cm langen Stücken Biegeplüsch die Beine, und stecken Sie sie von unten in den Bauch des Vogels. Zuletzt werden nun noch einige Marabufedern am Körper befestigt.

Rabe (Abbildung Seite 27)

Rabenkörper und Flügel aus Colorwelle sowie der Schnabel aus Tonkarton werden je zweimal benötigt. Auf ein Körperteil einen 1,5 cm x 31 cm großen Streifen aus Colorwelle senkrecht aufkleben. Für den Stab ein kleines Loch vorstechen und dann den Körper mit dem zweiten Teil verschließen. Den Schnabel von beiden Seiten aufkleben und aus Tonkarton einen 1,7 cm x 6,5 cm großen Streifen schneiden. Den Streifen kleben Sie um das vordere Teil des Schnabels, damit er auch von vorn orange ist. Die Kulleraugen (ø 1,2 cm) und die Feder am Kopf fixieren. Auf die Flügelinnenseiten je eine Feder kleben und dann die Flügel auf dem Körper befestigen. Zuletzt versehen Sie den lustigen Vogel noch mit einer Schwanzfeder.

Eine windige Angelegenheit

Ohne Wind läuft bei diesen kleinen Stabdekos gar nichts. Sie begeistern Große und Kleine gleichermaßen.

Windmühlen

Das Quadrat aus Tonkarton, Alubastelkarton oder Regenbogen-Tonkarton ausschneiden. An den gestrichelten Linien einschneiden und die Löcher mit der Lochzange ausstanzen. Die Ecken mit den Löchern genau übereinanderkleben. Ein Stück Blumenbindedraht, 1,5 mm stark und ca. 12 cm lang, um den Stab wickeln.

Nun eine Holzperle (ø 8 mm), dann die Windmühle und danach wieder eine Holzperle auf den Draht schieben. Den Draht passend abschneiden, dabei darauf achten, daß die Windmühle genügend Spiel hat. Die Windmühle etwas zusammendrücken, den Draht umbiegen und die Perle darüber schieben.

Fröhliche Weihnachten!

Selbstgebackene Plätzchen kennt jeder. Wie wäre es mal mit selbstgebastelten Stabdekorationen? Damit erhält Ihr Adventsgesteck eine persönliche Note. Und mit etwas Tannengrün verziert haben Sie schnell ein nettes Mitbringsel.

Stern, Tanne, Herz und Glocke

Für jedes dieser Motive benötigen Sie je drei Zuschnitte aus Alubastelkarton. Zwei Teile werden jeweils mittig gefaltet und dann von vorn bzw. von hinten mit der Faltkante auf das dritte Teil geklebt.
Ist alles gut getrocknet, wird der Stab in einem Falz mit Klebstoff befestigt.

Weihnachtsmann

Das große Styroporei zu zwei Dritteln mit rotem, und zu einem Drittel mit schwarzem Seidenpapier bekleben. Wo die beiden Farben aneinanderstoßen, befestigen Sie mit Klebstoff einen 1 cm x 15 cm langen Streifen schwarzen Filz als Gürtel.

Das Gesicht ausschneiden, Kulleraugen (ø 5 mm) und eine Holzperle (ø 6 mm) als Nase aufkleben. Einen Bart aus Watte daran befestigen und auf den Körper kleben. Aus rotem und weißem Filz die Mütze zusammenfügen. Arme aus rotem, Beine aus schwarzem Tonkarton schneiden. An die Arme etwas Watte kleben. Zur Befestigung von Armen und Beinen mit dem Cutter Schlitze in den Körper schneiden und die Teile darin mit Klebstoff fixieren.

Engel

Engelkörper und Flügel doppelt aus Colorwelle ausschneiden. Den 1,5 cm x 36,5 cm großen Colorwellestreifen zwischen die beiden Körperteile kleben und auf dem Kopf Haare aus Wolle anbringen. Auf den Ärmel und den Saum des Kleides mit einem Goldstift Punkte oder Streifen malen. Die Flügel aus gelbem Tonkarton mit einem Goldstift bemalen. Dann für die Flügel in den Colorwellestreifen einen kleinen Schlitz mit dem Cutter schneiden und die Flügel darin mit Klebstoff fixieren. Für den Heiligenschein einen Kreis laut Vorlagenbogen zuschneiden. An der gestrichelten Linie ein- und den Innenkreis ausschneiden. Dann legen Sie die Enden etwas übereinander und stecken den Heiligenschein mit einer Stecknadel auf dem Kopf des Engels fest.

Viel Glück!

Recht viel Glück im neuen (Lebens-)Jahr wünschen das Kleeblatt, der Fliegenpilz und das kleine Glücksschwein.

Kleeblatt

Das Kleeblatt zweimal aus Colorwelle zuschneiden. Auf ein Teil den Kreis aus dem 1,5 cm x 12 cm langen Colorwellestreifen kleben. Ein Loch für den Stab vorstechen. Das zweite Teil darauf fixieren.

Fliegenpilz

Von einer Styroporkugel (ø 4 cm) ein kleines Stück abschneiden und aus dieser glatten Fläche eine Vertiefung für die Spitze des Eies herausbrechen. Ein Watteei (3,5 cm Höhe) und die Kugel mit Seidenpapier bekleben und anschließend zusammenfügen. Mit einem Locher aus weißem Tonkarton Punkte ausstanzen und damit den Pilz verzieren.

Glücksschwein

Das große Styroporei und die Wattekugel (ø 1,5 cm) mit dem Seidenpapier bekleben. Vor dem Zusammenkleben der beiden Teile werden von dem Ei und der Kugel je ein Stück abgeschnitten. Die Beine werden aus vier je ca. 6 cm langen Stücken Biegeplüsch hergestellt, die Sie einmal in der Mitte knicken. Die Beine in den Körper stecken und mit Klebstoff fixieren. Zwei Ohren aus Tonkarton ausschneiden und gemeinsam mit den Halbperlenaugen (ø 6 mm) am Kopf befestigen. Nasenlöcher und Mund aufmalen. Für das Schwänzchen müssen Sie den Biegeplüsch „rasieren", um einen Bleistift wickeln und ihn dann – wie die Beine – im Körper fixieren. Zwei Kleeblätter ausschneiden und auf das Schwein kleben. Zuletzt eine kleine Feder oben auf dem Kopf anbringen.